Renata Paluch-Kompalla

Medienbiographie

GRIN Verlag

Bibliografische Information der Deutschen Nationalbibliothek:

Die Deutsche Bibliothek verzeichnet diese Publikation in der Deutschen National-
bibliografie; detaillierte bibliografische Daten sind im Internet über http://dnb.d-
nb.de/ abrufbar.

Impressum:

Copyright © 2013 GRIN Verlag GmbH
Druck und Bindung: Books on Demand GmbH, Norderstedt Germany
ISBN: 978-3-656-44437-4

Dieses Buch bei GRIN:

http://www.grin.com/de/e-book/215786/medienbiographie

GRIN - Your knowledge has value

Der GRIN Verlag publiziert seit 1998 wissenschaftliche Arbeiten von Studenten, Hochschullehrern und anderen Akademikern als eBook und gedrucktes Buch. Die Verlagswebsite www.grin.com ist die ideale Plattform zur Veröffentlichung von Hausarbeiten, Abschlussarbeiten, wissenschaftlichen Aufsätzen, Dissertationen und Fachbüchern.

Besuchen Sie uns im Internet:

http://www.grin.com/

http://www.facebook.com/grincom

http://www.twitter.com/grin_com

Fach: AV-Medien

Medienbiographie

Renata Paluch-Kompalla
FSO5

Inhaltsverzeichnis:

1. Fernsehen/Kino/Video/DVD

2. Radio/Hörkassetten /Schalplatten/CDs/

3. Bücher

4. Schlusswort

   Literaturverzeichnis

1. Fernsehen/ Kino/ Video/ DVD

Wenn ich an meine Kindheit zurückdenke, so kommt es mir gleich in den Sinn, dass ich als Schulkind hauptsächlich nachmittags oder abends ferngesehen habe. Vormittags gab es Schule, danach die Erledigung von Hausaufgaben und anschließend das Mittagsessen zu Hause. Ich bin in Polen aufgewachsen, in einer kinderreichen (7. Kinder Familie), in der oft Streit zwischen älterem und jüngerem Geschwister um die Fernbedienung gab. Oft musste die Mutter zwischen uns einschreiten um den Kampf um die Fernbedingung zu schlichten bzw. uns diese zu entziehen, wenn keine Einigung zu erreichen war.

Als ich 7 Jahre alt war, (ich bin 1975 geboren), kann ich mich gut erinnern, dass ich mit dem Leitmedium Fernseher durch meine Tante in Berührung gekommen bin. Sie hatte über uns mit ihren 6 Kindern gewohnt und veranstaltete beinahe jeden Abend bei sich eine große Fernsehstunde. Zu diesen Zeiten gab es in den Ostblockländern den Sozialismus, welcher speziell in Polen 1989 durch den Sieg der Oppositionsbewegung „Solidarnosc" abgelöst wurde. Es war durchaus üblich, dass nicht alle Familien im Besitz eines Fernsehgeräts waren und so schauten ca. 20 Personen (Kinder und Erwachsene) in einem Raum fern zusammen. Man hat nicht nur bei einem Film zusammen gelacht oder war bei bestimmten Szenen zu Tränen gerührt, sondern man konnte sich über die vielfältigen Eindrücke gegenseitig austauschen. Wenn ich das Phänomen aus heutiger Sicht betrachte, so wird mir erst bewusst, dass diese gemeinsamen Abendstunden wesentlich dazu beigetragen haben, das Zusammengehörigkeitsgefühl zwischen den Nachbarn in unserem Haus zu stärken. Mit der Zeit war jeder Nachbarteil im Besitz seines eigenes Fern-sehers, so dass, sich der Medienkonsum in den eigenen vier Wänden abspielten konnte.

Zu den Fernsehserien, die meine Kindheit nachhaltig geprägt haben gehörte vor allem *Die Biene Maja*. Bei uns wurde die Sendung pünktlich um 19 Uhr ausgestrahlt, also als eine Gute-Nacht-Geschichte. Mich persönlich hatte die Hauptprotagonistin fasziniert, weil sie nicht nur hilfsbereit, sondern auch pfiffig war und in jeder schwierigen Situation eine Lösung parat hatte. Maja konnte viele Abenteuer auf der Wiese oder im Wald mit anderen Insekten erleben und ist ständig hin und her geflogen. Den Wunsch in eine andere Welt zu fliehen (Realitätsflucht), wo die

3

Eltern nicht mehr meine Gedanken durchschauen können oder keine Kontrolle über mich haben, hatte ich als 7 jähriges Mädchen auch gehabt. Maja hat mir als Identifikationsfigur gedient, weil sie Eigenschaften besaß, die ich bei mir als Kind auch gerne gehabt hätte. Sie war selbständig und superschlau und kam aus jeder gefährlichen Situation unbeschadet heraus.

Eine weitere Klassiker Zeichentrickserie, die ich mit großem Interesse aufgenommen habe, war *Bolek und Lolek*, die sich ebenso im Ausland großer Beliebtheit erfreute. Beginnend mit dem 1964 preisgekrönten Kurzfilm *Die Armbrust* erreichte die Trickfilmserie bis 1986 über 150 Folgen. Die beiden Brüder Bolek und Lolek erleben an verschiedenen Orten Spaß und lustige Abenteuer, haben immer wieder neue Hobbys und Pläne, die sie verwirklichen wollen. In der Serie *Lolek und Bolek im Wilden Westen* z.B., die aus 7 ca. 10 Minuten langen Kurzfilmen besteht, werden die beiden mit Revolver ausgestatteten tapferen Cowboys zu Gesetzhüter, die unerschrocken die Verfolgung eines aus dem Gefängnis entflohenes Banditen aufnehmen. In einer weiteren Serie *Lolek & Bolek reisen um die Welt* begeben sich die Zuschauer zusammen mit ihren zwei mutigen Helden auf die Reise um die Welt und erleben dabei eine Menge Abenteuer. Bei der Trickserie Bolek & Lolek bei der Olympiade probieren die beiden Stars ihre Kräfte in verschiedenen Sportdisziplinen (Schwimmen, Weitsprung, Volleyball, Radfahren usw.) aus.

Der Konsumzweck für mich damals war vor allem die Unterhaltung, denn die beiden Brüder witzig waren aber auch die Abenteuerlust und Welterkundung, da sich viele Episoden an unterschiedlichen Weltecken abgespielt haben (z.B.: in den Wäldern des Canadas, in der Wüste Gobi, am Orinoco, im Land der Inkas, am Kilimandscharo usw.) War man als Kind auf dem Lande aufgewachsen und immer auf die vertraute Umgebung angewiesen, so konnte man dank dieser lohnenswerten Serie sein Horizont erweitern und Wissensdurst stillen. Ein weiterer Grund warum Bolek & Lolek zu meinen Lieblingshelden gehörten, war das Rollenspiel. Ich habe manchmal mit den Jungs gespielt und konnte wie Bolek und Lolek in verschiedene Rollen schlüpfen. Mal war ich ein Sportler, mal ein Bergmann, ein Bisonjäger, oder Cowboy.

Eine wichtige Orientierungshilfe für die Geschlechtsidentität lieferte mir der Zeichentrickfilm von Walt Disneys *Cinderella* (dt. *Aschenputtel*). Als 8-jähriges

Mädchen habe ich mich mit meinem Geschwister in eine Ecke zurückgezogen und das Märchen nachgespielt. Mein ältere Schwester durfte die böse Stiefmutter sein, mein Bruder der Prinz und ich verkleidet in ein Kleid von meiner Mutter und 5-Nummer zu große Schuhe dürfte der Aschenputtel sein. Durch die starke Polarisierung der Charaktere der Märchenfiguren und eine klare Trennung zwischen Gut und Böse, dürften wir unsere negative als auch positive Emotionen rauslassen (Entlastungseffekt): Neid, Wut, Traurigkeit, Mitleid, das Gefühl „die Auserwählte zu sein", das Glück darüber, den Geliebten gefunden zu haben. Dieses Märchen hat mich unglaublich beeinflusst, denn bereits mit 9 Jahren durfte ich die Hauptrolle bei dem gleichnamigen Theaterstück in der Schule spielen. Meine Lehrerin die Theater AG angeboten hatte, erkannte sofort dass ich für diese Rolle gut geeignet bin, da ich über eine schöne Stimme verfüge und kein Scheu habe, vor den Leuten aufzutreten. Ich persönlich bezog aus dem *Aschenputtel* den Stoff für frauenspezifisches Verhalten und die Hoffnung, dass ich auch in meinem Leben einen Prinzen finden werde. Des Weiteren konnte ich mich als junges Mädchen in den folgenden Märchen wiederkennen: Die *Schneekönigin, Die Schöne & das Biest, Dornröschen, Schneewittchen*. Ich konnte in Märchen meine Angst- und Ohnmachtsgefühle besser verarbeiten, den ich wusste, dass das Gute am Ende immer gewinnt.

Als 11-jähriges Mädchen habe ich mit großem Vergnügen die amerikanische Serie *Tom & Jerry* geschaut. Mir hat es besonders gefallen, dass der kleinen listigen Maus Jerry ständig gelingt, der großen, dummen Katze eins auszuwischen oder sie auszutricksen. Während die Katze, um die Maus zu töten sich einer Gewalt-Strategie bedient, endscheidet sich die Maus für eine intelligente Strategie und setzt sich damit erfolgreich durch. Mit großer Sorge hat meine Mutter beobachtet, warum ich an dieser mit Gewaltdarstellungen überfrachteten Comicserie Gefallen gefunden habe. Vorbeigehend wendete sie oft ein, dass *Tom & Jerry* ein lauter Blödsinn wäre, da es eine hektische Bildfolge habe und keine didaktischen Inhalte vermittle. Infolgedessen bat sie mich, Fernseher auszuschalten. Ich fand diese Einschränkung ungerecht denn ich wusste, dass Kinder völlig anders als Erwachsene diesen Film wahrnehmen. Mit 11 verfügte ich doch bereits über eine gut ausgebildete Filmlesefähigkeit (*viewing literacy*) und konnte den Film altersgemäß rezipieren.

Ich habe mich an den vielfältigen Darstellungen von Gewalt im *Tom &Jerry* nicht stören lassen, da ich gut zwischen Fiktion und Realität unterscheiden konnte. Vielmehr empfand ich sie als lustig, denn ich wusste von vornherein, dass die wilde Verfolgungsjagd letztendlich positiv ausgehen wird. Anderseits konnte ich in dem Trickfilm meine negative Gefühle auf die große, böse Katze (Verkörperung des Erwachsenen) hin projizieren und Schadenfreude empfinden, wenn sie von der kleinen, ihr körperlich unterlegenen Maus (Kinder) besiegt wurde. Dieses Gefühl, dass der „Böse", übermächtige ein Schaden erleidet, entlastet die Kinder emotional und baut innere Spannung ab. Sie verschafft auch ihnen Erfolgserlebnisse in ihrer Auseinandersetzung mit Erwachsen (Da kriegt der Erwachsene endlich auf die Fresse!). In *Tom & Jerry* werden die Rollen umkehrt: der kleine Schwache ist dem großen Bösen überlegen, die Ohnmacht schlägt in Omnipotenz um.

Mit dem Medium Kino bin ich zuerst als junge Teenager (13 Jahre) in Berührung gekommen, als dieser Fantasy Film *Unendliche Geschichte* bei uns in Kinos gelaufen ist. Ich war von diesem Film total beeindruckt, da er auf Themen aus meinem kindlichen Alltag zurückgegriffen hat (Mobbing in der Schule, Flucht in die Phantasiewelt, Konflikt mit dem Vater, Aufgabenbewältigung). Ich habe mich mit dem Jungen Bastian in das Buch *Die Unendliche Geschichte* mit großer Neugier reingelesen. Mit voller Spannung begleitete ich ihn bei der Verfolgung Atréjus unheimlichen Abenteuerreise in das Land Phantásien. Mich faszinierten vor allem die märchenhaften Gestalten, die in der Welt Phantásien anzutreffen waren: Rennschnecken, Felsenbeißer oder Glücksdrachen, welche vom Untergang bedroht waren. Ich habe oft die Sehnsucht gehabt in eine solche Welt zu fliehen und sich dem Zugriff der Erwachsenen, die mich nicht verstanden haben, zu entziehen. Als schließlich Bastian herausgefunden hat, dass nicht Atréju, sondern er der Retter der Phantasiáland sein und der Kindlichen Kaiserin einen neuen Namen geben soll, begleitete ich ihn bei allen seinen Ängsten und sprach ihm den Mut zu. Ich konnte mich mit dem Helden gut identifizieren, weil ich oft im Alltag schwierige Aufgaben zu überwinden und mit der Angst zu kämpfen hatte.

Ein Tanzfilm, der mich im starken Maße beeinflusst hat, war der *Dirty Dancing*, welchen ich mit großer Begeisterung im Fernsehen aufgenommen habe. Für mich war der Film eine Antwort auf alle mich in diesem Alter (16 Jahre) quellenden

Fragen: Hat Liebe unabhängig von sozialer Zugehörigkeit den Bestand? Wie läuft es bei dem Sex ab? Kann sich der „dreckige Tanz" auch bei Mittelschicht durchsetzen? Mir hat gefallen, dass die „Baby" (Jennifer Grey) sich in einem armen aber hochtalentierten Mambo-Tanzlehrer (Patrick Swayze) verguckt hatte und dass diese Liebesromanze ein Happy- End hatte. Ich habe oft die im Film dargestellten Tänze mit meinen Schwestern nachgetanzt und wir wünschten uns auch so eine verbotene Liebe erlebt zu haben, wie das Baby. Wegen seiner großen Beliebtheit wurde der Film immer wieder neu im Fernseher ausgestrahlt. Meine Eltern fanden ihn anstößig und versuchten uns diesen einzuschränken.

Was mein Umgang mit Video und DVD anbetrifft, so trat er ziemlich spät ein und war eher spärlich. Ich habe nach Familiengründung einige Videofilme gedreht bei Familienfesten oder besonderen Anlässen (z.b. Geburt unserer Tochter), wenn ich wichtige Momente verewigen wollte. Zudem habe ich Videokassetten aus Videothek ausgeliehen, um mich an meinen Lieblingsfilmen zu erinnern (Vgl. die vorher erwähnten *Dirty Dancing* oder *Die unendliche Geschichte*). Da später Videokassetten zunehmend von DVDs abgelöst wurden, habe ich manchmal DVD Filme ausgeliehen, um mein Bedürfnis nach Unterhaltung und Romantik zu befriedigen (z.B. *Eis am Stiel, Pretty Woman*).

2. Radio/Hörkassetten /Schalplatten/CDs/

Wenn über mein Musikgeschmack in der Kindheit oder früheren Jugend nachdenke, so fällt es mir auf, dass er wesentlich von meinem Vater und von meiner ältesten Schwester mitbeeinflusst wurde. Durch das Medium Radio und die Schaltplatten, die in unserem Haus häufig abgespielt wurden hat mir mein Vater seine große Liebe zu Musik aus seiner Jugend vermittelt. Mit großer Freude sangen wir die Lieder der 60er Jahre von *The Beatles* oder von *Elvis Presley* zusammen.

Als 8-jähriges Mädchen habe ich meine Schwester sehr um ihren neuen Kassettenrecorder beneidet und belauschte sie beim Musikhören. Sie hörte jeden Tag lautstark die in den 80er Jahren so beliebte Sänger oder Musikgruppen, wie z.B.: Modern Talking, Sissi Catsch, Limhal, Michael Jackson, Sandra, Madonna, Nena. Kim Wilde, Depeche Mode, Alphaville o.ä.). Durch dieses intensives Hören

oder Lauschen konnte ich nach einiger Zeit die meisten Lieder auswendig. Ab etwa dem 14 Lebensjahr bildete sich zunehmend mein eigener Musikgeschmack. Ich hörte sehr gerne Georg Michael, Bryan Adams, Queen, Skorpions, Roxette sowie polnischen Rock. Diese Musik begleitet mich bis heute.

Das Medium Radio schaltete ich ausschließlich ein, um Nachrichten oder Lieder, die zur gegebenen Zeit Top waren zu hören.

3. Bücher

In meiner Kindheit haben unsere Eltern oft zu bemängeln gehabt, wir hocken zu lange vor der „Glotze", anstatt Bücher zu lesen. Deshalb sahen wir uns veranlasst, uns diesem Medium zuwenden. Der Vater meinte immer wieder, dass der Fernseher ein „Zeiträuber" ist, der uns lediglich von dem Lernen ablenke und „dumm mache." Getreu diesem Prinzip kaufte er uns ab und an die Bücher bzw. empfahl uns, sich diese aus der Schulbibliothek auszuleihen. So bin ich oft als braves Grundschulkind zur Bibliothek marschiert und habe die Bücher konsumiert, damit sich mein lieber Vater keine Sorgen um meine Bildung macht. Ich fand vor allem an den Märchen der Gebrüder Grimm oder an denen von Hans Christian Andersen großes Interesse. Meine Lieblingsmärchen habe ich häufig im Fernseher geguckt, was meine Eltern erstaunlicherweise gar nicht doof fanden.

Da ich mit zunehmender Alter neugierig und wissbegierig geworden bin und erfahren wollte, was in der „großen Welt" abgeht, habe ich Bücher gelesen, die sich dem Thema „Abenteuer" widmen. Mit großer Neugier habe ich Astrids Lindgren Buch *Pippi Langstrumpf* in polnischer Übersetzung gelesen und bezog daraus die Stoffe, die für ein 10 jähriges Mädchen von Bedeutung waren: selbständig, mutig und frech sein, Abenteuer erleben zu können. Mir hat imponiert, dass Pippi eigenes Pferd besitzt und alleine (weg von den Erwachsenen) in einer Villa Kunterbunt wohnt. Ich konnte mich mit Pippi identifizieren, da ich selbst Sommersprossen und zwei Zöpfe hatte und mich in einer Trotzphase befand.

Als ich 15 Jahre alt war, habe ich mich für Bücher interessiert, die das Thema „verliebt sein" behandelt haben. Hauptsächlich habe ich Bücher polnischer Autoren gelesen, deshalb bringt es hier nicht viel, die Titel im Einzelnen zu benennen. Ich habe solche Bücher beinahe verschluckt, weil die Liebe für mich damals ein Tabu-

Thema war. Wir haben zu Hause einen autoritären Erziehungsstil erlebt, wo man Eltern zu gehorchen hatte und wo es keine Widerrede galt. Als junges Mädchen habe ich ständig von den Eltern gesagt bekommen, dass ich mich um einen guten Schulabschluss kümmern und nicht nach den Jungs schauen soll. Den fundierten Einblick, wie man sich fühlt, wenn man verliebt ist, habe ich von meiner 20-jährigen Schwester vermittelt bekommen, die bereits einen Freund hatte.

4. Schlusswort

Wenn ich die Medienerfahrung meiner Kindheit oder Jugend aus heutiger Sicht reflektiere, so stelle ich fest, dass der Fernseher für mich das Leitmedium war. Er hat mich an allen entwicklungsbedingten Themen herangeführt (groß/selbständig werden, Freundschaft, Angst haben, Geschwisterstreit, Mädchen/Junge sein, Abenteuer erleben, die Welt erforschen, Unterhaltung usw.) Durch eine starke Identifikation mit den Serienhelden konnte ich die Angstgefühle besser verarbeiten und ein Durchsetzungsvermögen entwickeln. Die Abgrenzung gegen die Erwachsenen, die in meinem Leben alles bestimmen wollten, gelang mir durch Realitätsfluch und Allmächtigkeitsgefühle, die ich beim Schauen unter anderem von *Tom & Jerry* empfinden konnte.

Eine themengeleitete Rezeption bedeutete für mich, dass ich mir aus dem Medienangebot selektiv jene Inhalte rausgesucht habe, die mich aktuell beschäftigt haben. Wie sehr ich mich hier irrte, wurde an der „Trichter-Funktion" meiner Eltern deutlich. Im Sinne der Bewahrungspädagogik, versuchten sie mein Medienkonsum da einzuschränken, wo sie eine negative Wirkung befürchtet haben (z.B. bei *Tom & Jerry* – Gewaltnachahmung, *Dirty dancing* – Interesse am fremden Geschlecht). Bei den Märchen dagegen, vermutlich wegen ihres belehrendes Charakters und ihrer Moral waren die korrigierenden Eingriffe meiner Eltern nicht spürbar. Ich habe auch keine Grenzziehung bei den Zeichentrickfilmen: *Biene Maja* oder *Bolek & Loloek* empfunden.

In Hinblick auf die Bücher, habe ich keine Einschränkung seitens meiner Eltern erfahren, weil sie der Ansicht waren, diese seien pädagogisch wertvoll und vermit-

teln didaktische Inhalte. So haben sie meine Einstellung zu diesem Medium wesentlich mitgeprägt.

Wenn ich heute als erwachsene Frau meine Medienerziehung reflektiere, so wird es mir klar, dass ich nicht in einer medienabstinenten- oder sogar feindlichen Umgebung aufgewachsen bin. Als Kind oder ein heranwachsendes Mädchen habe ich mich manchmal ohnmächtig gefühlt und mich gegen die erteilten Medienverbote aufgelehnt.

Als Mutter einer 11-jährigen Tochter kann ich inzwischen die korrigierenden Eingriffe meiner Eltern gut nachvollziehen, weil sie aus Sorge um meine Medienerziehung entwachsen waren. Wie meine Eltern damals, so habe ich mich auch bemüht, mein Kind medienkompetent zu machen. Wegen einem rasanten Vorschritt der Technik gibt es mittlerweile ein unüberschaubares Angebot an Medien auf dem Markt. Von daher war es mir wichtig, mein Kind in diesem Mediendschungel an der Hand zu führen und bei dem Umgang mit den ausgewählten Medien zu unterstützen.

Ich denke, dass die Medienkindheit meiner Tochter sich von meiner eigenen viel unterscheidet. Das breite Angebot an den Auditiven Medien (Radio, Kassetten, CDs oder MP3-Player) und Audiovisuellen Medien (z.B. Fernsehgerät, Handy, Computer) übt auf die Kinder und Jugend heute eine große Anziehungskraft aus. Sicherlich bietet der Medienkonsum für die Persönlichkeitsentwicklung junger Menschen viele Chancen. Deshalb sollen die Medieninhalte nicht nur auf ihre negative Aspekte oder Gewaltthematik hin reduziert werden. Gleichzeitig ist aber zu bedenken, dass ein Übermaß an Medienkonsum, auch große Gefahren in sich birgt (gesundheitliche Probleme, mangelnde Bewegung, Absinken der Schulleistungen, soziale Isolation, ethische Abstumpfung usw.). Von daher ist es wichtig, die Kinder und Jugendliche nicht sich alleine zu überlassen, sondern ihnen einen reflektierten und kritischen Umgang mit den Medien zu vermitteln.

Literaturverzeichnis:

1. Pöyskö Anu: *Medienbiographie- ein Leben voller Medien.* In: Magazin Erwachsenenbildung at. Wien 2009.

Internetquellen:

1. Frie Stefanie/Pannier Jeldrik: Medienbiographie-Methode; Erhebung und Auswertung auf: http://www.pludwigsburg.de/fileadmin/subsites/1b-mpxx-t-01/user_files/OnlineMagazin/Ausgabe10/Frie_Pannier_Medienbiographie_2007.pdf
2. Diederichs, Helmut: *Einführung in die massenkommunikative Medienpädagogik.* auf: http://www.soziales.fhdortmund.de/diederichs/grundbeg/medibio.htm